ÉLÉMENS DE MUSIQUE,

PRÉCÉDÉS

D'UNE DISSERTATION

SUR CET ART,

AVEC DES PLANCHES CONTENANT TOUS LES SIGNES.

OUVRAGE

DEVANT SERVIR D'INTRODUCTION A L'ÉTUDE DE L'HARMONIE,

DÉDIÉ A LA JEUNESSE FRANÇAISE,

Par M. MANGIN, Professeur.

Deuxième Edition.

A NANCY,

Chez HÆNER, Imprimeur, et chez
LES PRINCIPAUX LIBRAIRES.

1827.

NANCY, IMPRIMERIE D'HÆNER.

AVERTISSEMENT.

Le prompt débit de la première édition de cet ouvrage, les témoignages flatteurs d'un célèbre artiste (1), et de plusieurs professeurs distingués, m'ont déterminé à en faire une seconde édition, que j'ai rédigée sur un nouveau plan. J'y ajoute quelques modifications, fondées sur les observations que j'ai été à même de faire depuis plus de vingt ans. J'y joins des planches contenant tous les signes de la Musique. J'ai cru pouvoir faire précéder cette nouvelle édition d'une dissertation sur cet art, où je parle avec franchise des avantages qu'on en peut retirer, de l'abus qu'on en fait, du but qu'on doit se proposer en s'y livrant, des dispositions qu'il faut y apporter, des différens rapports sous lesquels il faut le considérer, comme de l'*Exécution*, de l'*Enseignement*, de la *Composition*, de la *Musique vocale* et *instrumentale*.

De la Musique en général.

La Musique est, sans contredit, le premier de tous les arts ; il n'y a personne à qui elle ne plaise ; chacun voudrait la savoir ; mais,

---

(1) M. Eck.

combien ignorent ce qu'il en coûte de travail et de peines! Cet art sublime, si propre à civiliser les êtres les plus barbares et à polir les mœurs, convient principalement à louer la divinité, à célébrer les actions héroïques des grands hommes; il peut être aussi, comme objet d'agrément, un lien utile dans la société et un délassement d'occupations plus sérieuses; motifs suffisans pour engager à ce genre d'étude qui, lorsqu'on a du goût et des dispositions, n'a rien de pénible, car, à mesure qu'on avance, les progrès deviennent sensibles de plus en plus.

De l'Étude de la Musique.

La Musique ne convient qu'aux personnes douées de dispositions naturelles. La plus essentielle, c'est *d'avoir de l'oreille*, c'est-à-dire avoir l'ouïe sensible, fine et juste; en sorte que, pour l'intonation et la mesure, on soit choqué du moindre défaut. On a l'oreille fausse, lorsqu'on chante constamment faux, lorsqu'on ne distingue point les intonations fausses d'avec les intonations justes, ou lorsqu'on n'est point sensible à la précision de la mesure, qu'on la bat inégale et à contre-temps.

La seule manière de faire des progrès sensibles dans la Musique, est de s'y appliquer de bonne heure. Il faut commencer par solfier, jusqu'à ce qu'on soit parvenu au point de comprendre ce qu'on lit à la première vue, ou au moins, être en état d'apercevoir ses fautes et de les rectifier. (Car la Musique, qui doit exprimer tous les sentimens de l'âme, doit être considérée comme une lecture en forme de déclamation ; et tel qui ne comprend pas ce qu'il lit, ne peut y donner l'expression convenable.) Arrivé à ce point, on peut alors entreprendre avec succès tel instrument qu'on juge à propos; il ne reste plus qu'à en connaître le mécanisme, ce qui est d'autant plus aisé, que d'un coup d'œil on peut voir une phrase et en saisir le doigté.

Jouer d'un instrument, c'est y appliquer la science musicale qui aide et contribue à prévoir ou à corriger les fautes que l'on peut faire, soit contre la justesse des sons, soit contre la mesure. Combien n'a-t-on pas vu d'amateurs et d'artistes, apprendre différens instrumens avec le secours de très-peu de leçons, et même sans maîtres? Au contraire, si on commence un instrument sans avoir la moindre idée de la Musique (ce qui n'arrive que trop souvent, parce qu'on veut jouir en peu de temps, et recueillir avant d'avoir semé), ce n'est plus qu'un travail mécanique, dépourvu des moyens que procure la connaissance de cet art, travail qui devient long, pénible et dispendieux, et qui met dans le cas d'avoir toujours besoin de leçons, dont on pourrait bientôt se passer, si on savait assez de Musique. Voilà la cause pour laquelle tant de personnes abandonnent un art qui n'est un agrément qu'autant qu'on le possède ; mais ce n'est pas l'affaire de quelques mois, comme on pourrait le faire croire à ceux qui ne le connaissent pas.

Les talens d'agrément peuvent faire partie de l'éducation, ils sont une ressource contre l'ennui et l'oisiveté ; ils ne seraient pas considérés comme un travail pénible, si on s'y prenait dès l'enfance et avec les dispositions nécessaires (conditions qu'un maître expérimenté doit connaître en peu de temps), au lieu d'attendre pour commencer, à l'âge où on devrait déjà en jouir. Le prétexte de quelques personnes pour retarder ce genre d'étude à l'égard de leurs enfans, est selon elles, d'attendre que le goût vienne ; mais ce goût n'arrive que lorsqu'il n'est plus temps d'apprendre. Les jeunes gens qui ne sont pas habitués de bonne heure à l'étude, n'ont guère d'autre goût que celui de la dissipation.

La partie la plus agréable de la Musique est le chant ; quelle impression ne fait pas sur nous une belle voix ! Mais, comme la voix n'est pas donnée à tout le monde, on y supplée par les différens instrumens qui peuvent l'accompagner et qui plaisent d'autant plus qu'ils imitent davantage ce précieux don de la nature.

J'ai dit qu'il fallait considérer l'*Art musical* sous trois rapports différens, savoir : l'*Exécution*, l'*Enseignement* et la *Composition*. Chacune de ces parties est susceptible de division.

De l'Exécution.

On appelle *Exécution*, la facilité de lire et d'exécuter d'une manière correcte, sans hésiter et à la première vue, les choses les plus difficiles. Cela dépend d'une longue habitude de lire la Musique et de phraser en la voyant. (Les phrases musicales sont des divisions d'une période ; elles doivent être en rapport entre elles, c'est-à-dire que deux phrases qui se succèdent doivent être d'une égale durée, et dans l'exécution, soit du chant, soit d'un instrument, il doit y avoir une espèce de repos à chacune, comme dans la lecture on doit s'arrêter aux points et aux virgules.) Mais il ne suffit pas de lire la Musique exactement ; il faut en saisir le sens, se pénétrer des idées de l'auteur, afin d'y donner l'expression qui lui convient. Tous les auteurs n'ayant pas le même style, il s'en suit que chacun a besoin d'un genre d'exécution et d'expression différent, ce que l'on ne sait pas toujours distinguer.

La Musique est ordinairement composée

de plusieurs parties, dont les unes sont principales et les autres d'accompagnement; il faut avoir l'oreille bien attentive pour exécuter et suivre l'ensemble, ce qui est très-important, surtout aux parties d'accompagnement dépendantes des principales. L'exécution des parties principales et des parties d'accompagnement, est le produit d'un travail différent; tel qui exécute des traits brillans, pourrait se trouver embarrassé dans une partie d'accompagnement, parce que, dans ce dernier cas, la partie que l'on joue est celle qui doit occuper le moins, toute l'attention de l'accompagnateur devant être portée vers la partie principale, parce qu'il arrive souvent qu'on est dans le cas d'accompagner des personnes qui manquent de précision, et qu'il est bon alors de savoir rompre la mesure à propos, pour maintenir l'ensemble et ne pas trop laisser paraître ce défaut.

De l'Enseignement.

L'*Enseignement* de la Musique est la partie la plus difficile et la plus ingrate de cet art, dont les commencemens sont insipides et ennuyeux pour la plupart des élèves, qui, trop souvent, manquent de dispositions et surtout d'application. Il exige une longue pratique, et pour s'en acquitter avec plus de succès, il est nécessaire que les maîtres étudient le caractère de leurs élèves, ainsi que le degré d'intelligence dont ils sont capables. Il n'est pas possible de suivre la même marche pour chacun d'eux; ce genre d'étude est susceptible de beaucoup de détails. Le maître doit avoir soin de faire remarquer les moindres fautes et mettre dans le cas d'y remédier, sans quoi, ceux qui manquent d'application ne peuvent faire des progrès.

Un autre inconvénient attaché à ce genre d'enseignement, c'est que des êtres bien organisés sont, jusqu'à un certain point, capables de chanter ce qu'ils entendent sans être en état de le lire. Un avantage à procurer aux élèves, lorsqu'ils sont arrivés à un certain degré de force, est de pouvoir les réunir quelquefois pour les habituer à exécuter des morceaux d'ensemble, ce qui leur procure du goût pour ce genre de travail et peut exciter l'émulation.

L'Enseignement se partage en *Musique vocale* et *Musique instrumentale*. L'étude de la Musique vocale se divise aussi en deux parties; celle du solfége, qui est la base de toute la science musicale, et celle du chant, qui est la plus agréable de toute la musique. L'étude du solfége doit mener à la connaissance des signes, à l'art de lire les notes sur le papier, et procurer l'habitude de déchiffrer avec une telle facilité, qu'à l'ouverture du livre on soit en état d'exécuter toute sorte de Musique.

L'étude du chant se rapporte à la culture de la voix, de manière à en tirer tout ce qu'elle peut donner en fait de chant, soit par l'étendue, la justesse, le timbre, la légèreté, soit par la manière de renforcer les sons et de les adoucir, afin d'apprendre à les modifier et les ménager avec tout l'art possible. Une chose essentielle dans le chant, est la connaissance de la langue et de ses accens, la prosodie et la manière de prononcer. Les défauts de la prononciation sont d'autant plus sensibles, que les syllabes dans le chant ont des sons plus soutenus que dans la parole. Un morceau de chant bien exécuté, doit être considéré comme une manière plus énergique et plus agréable de marquer la prosodie et les accens.

De la Composition.

La *Composition* est l'art d'inventer de la Musique convenable au sujet qu'on veut traiter ; la connaissance de l'harmonie et de ses règles en est le fondement. Il faut, outre cela, connaître la portée des voix et des instrumens, mais toute cette science ne suffit pas encore pour être compositeur. L'étude de la grammaire est-elle suffisante pour faire un orateur ? Non, il faut pouvoir trouver en soi-même la source des beaux chants, être pénétré de l'esprit poétique ; il faut être enfin doué de génie, don rare et précieux de la nature.

La Musique savante en harmonie est capable de surprendre, d'étonner, de frapper l'oreille; mais si elle n'est pas accompagnée du génie, elle ne peut faire cette impression profonde qui pénètre l'âme. Aussi, combien voyons-nous d'auteurs dont les ouvrages se soutiennent si peu! Quand aurons-nous des Sacchini, des Gluck, des Grétri, des Mozart, etc.? La bonne Musique, la Musique sentimentale, produit d'un grand génie, est ordinairement la plus simple, et non celle qui est chargée de notes bruyantes.

Une partie des personnes qui s'occupent de la Musique, ne le faisant souvent que par des motifs frivoles, est cause que beaucoup d'auteurs ne travaillent que dans des vues d'intérêt qui nuisent au développement d'idées plus élevées, au lieu d'employer leurs talens à des sujets plus nobles. En général, tout compositeur qui ne s'occupe que de minces sujets ne peut développer de grandes idées.

Avant de s'adonner à la composition, il faut avoir un long usage de la Musique, afin d'être en état de connaître le style qui convient à tel ou tel sujet. Si ce qu'on traite a pour base le genre poétique, non-seulement on doit exprimer la signification des notes, mais aussi le sens des phrases.

Des Instrumens.

J'ai dit que les instrumens pouvaient sup-
pléer à la voix et servir à l'accompagner ; le
nombre en est assez considérable, je ne par-
lerai que de ceux qui sont le plus en usage
dans la société. On les distingue en instrumens
à vent et à cordes ; pour en tirer des sons
purs, on ne doit faire entendre ni frottement,
ni bruit de l'air qui les fait résonner. Si on
veut y faire des progrès rapides, il faut ne
point être embarrassé par la Musique, avoir
de la souplesse dans les doigts, et donner à
ce genre de travail un temps suffisant.

Du Violon.

L'instrument le plus parfait, tant par la
simplicité du mécanisme et du doigté, que
parce qu'il est le seul sur lequel on puisse
jouer absolument juste, est le Violon (l'Alto
et la Basse ou Violoncelle sont en rapport
avec le Violon); mais il exige du travail et
une organisation parfaite. Il est indispensable
de connaître la valeur des intervalles qui se
trouvent entre toutes les notes des différens
tons, par rapport à la position des doigts qui
n'est pas déterminée, comme sur les autres
instrumens. Celui-ci, comme la voix et les
instrumens à vent, a l'avantage de produire

des sons qui peuvent être soutenus et modifiés
ou nuancés, au moyen du mouvement de
l'archet, dont il faut éviter de faire entendre
le frottement : c'est pourquoi on doit avoir
en même temps de la force et de la souplesse
dans les nerfs.

Du Forté-Piano.

Le Forté-Piano, instrument savant, mais
compliqué par son doigté, a l'avantage de
faire entendre l'harmonie complète et d'en
faciliter l'étude. Il convient aux personnes
qui aiment à approfondir la science musicale.
Ses sons, agréables de près, perdent de leur
qualité par trop d'éloignement. Il est devenu
la ressource de bien des compositeurs qui,
travaillant pour tous les instrumens d'après ce
qu'ils exécutent sur celui-ci, ne font pas
toujours attention que ses sons, naturellement
secs, exigent que le nombre des notes y soit
multiplié ; tandis que les instrumens à vent
surtout, dont les chants sont plus agréables,
en raison de ce qu'ils sont composés de sons
plus liés et plus soutenus, deviennent embar-
rassés en proportion de la multitude et de la
complication des notes dont ils se trouvent
chargés, lorsque le compositeur est dans le
cas de se servir du Forté-Piano pour aider le
développement de ses idées.

De la Harpe.

La Harpe, dont le doigté est très-simple, qui a des sons agréables et susceptibles de modifications à l'infini, est très-propre à accompagner la voix, non-seulement dans la romance, mais avec plus d'expression encore dans les chants d'un genre plus noble. Outre cela, on peut y exécuter des morceaux capables de produire un grand effet; malheureusement, en province, il y a peu d'artistes de ce genre.

De la Guitare.

La Guitare, instrument espagnol, est devenu fort à la mode en France, depuis quelques années. Cet instrument, aussi long à apprendre que tout autre, exige une position assez difficile. Son utilité est d'accompagner une belle voix : c'est par ce motif qu'il plaît aux jeunes personnes.

Des Instrumens à vent.

Les Instrumens à vent (la Flûte, la Clarinette, le Cor et le Basson), qui généralement ont des sons très-flatteurs, mais qui tous ne doivent pas être entendus de trop près, exigent une embouchure parfaite et exempte de bruit. Un inconvénient qui y était attaché, est le défaut de justesse, auquel on a beaucoup remédié en y ajoutant un certain nombre de clefs;

mais cela a augmenté la difficulté du doigté qui est devenu très-compliqué. Cette raison devrait persuader de la nécessité de connaître la Musique avant d'entreprendre aucun instrument, afin qu'arrivé à ce point, on fût en état de travailler des exercices dans tous les tons, au lieu de perdre son temps en s'amusant à ne jouer que des airs, le plus souvent monotones.

Tous les instrumens ayant chacun une qualité de sons différente, produisent par leur diversité, un ensemble merveilleux; et lorsque de belles voix s'y trouvent jointes, quel effet ne doit pas produire une union si parfaite! Tel est le charme de la Musique, qu'elle a l'avantage de plaire aux êtres les plus insoucians; mais, pour qu'elle devienne un objet d'agrément, il faut s'en être occupé de bonne heure et avec constance. Les premières difficultés vaincues, le reste n'est plus qu'un travail qui devient agréable, lorsqu'on est arrivé au point d'en faire un objet d'ensemble, ce qui en doit être le but principal.

Mon intention, lors de la première édition de cet ouvrage, était d'être utile aux amateurs : l'expérience m'avait appris que les principes de la Musique s'oubliaient d'autant plus facilement, qu'ils n'étaient pas toujours démontrés d'une manière claire et précise. J'ai pensé qu'étant écrits et développés avec soin, on pourrait y avoir recours dans le besoin. Le désir de faciliter aux élèves l'étude de ces premiers élémens, en soulageant les professeurs, est le motif qui m'a engagé à faire cette seconde édition. Mes vœux seront comblés, si j'ai pu être utile par là aux uns et aux autres.

ÉLÉMENS DE MUSIQUE.

SECTION PREMIÈRE.

Définition de la Musique.

LA MUSIQUE est l'art de combiner les sons d'une manière agréable à l'oreille.

On divise la Musique en *Mélodie* et en *Harmonie*. Par la mélodie, on entend la succession des sons, dirigés de manière à produire des chants agréables. L'harmonie consiste à unir à chacun des sons d'une succession régulière, deux ou plusieurs autres sons qui frappent l'oreille en même temps, et la flattent par leur concours.

ARTICLE 1ᵉʳ. *Des Signes de la Musique.*

La Musique est composée de différens signes ou caractères, dont la connaissance est indispensable pour posséder la théorie de cet art. Les premiers sont : la *Portée de Musique*, les *Notes*, les *Clefs*, qui en indiquent la position, les *Figures* ou *Espèces de notes*, les *Silences*, qui répondent à chacune d'elles, les *Accidens* et les *Différentes Mesures*.

ART. 2. *De la Portée de Musique.*

La *portée de Musique* est la réunion ou l'as-
semblage de cinq lignes parallèles, dont la
première est celle du bas. On nomme *interligne*, la distance qui se trouve entre deux lignes.
Les cinq lignes de la portée renferment donc
quatre interlignes, dont le premier est aussi
celui du bas. Les lignes et les interlignes sont
autant de degrés sur lesquels on pose les notes
alternativement ; mais comme la portée ne suffit
pas toujours pour poser les notes, on ajoute
au-dessus ou au-dessous, d'autres petites lignes
accidentelles, lorsque l'étendue des voix ou des
instrumens l'exige (1).

ART. 3. *Des Notes.*

Il y a sept notes dans la Musique, qui sont :
ut, *ré*, *mi*, *fa*, *sol*, *la*, *si*. Ces notes ont sur
la portée différentes positions, selon les clefs
qu'on emploie.

ART. 4. *De la Clef.*

La *clef* est un caractère de Musique qui se
met au commencement de la portée, pour déterminer le nom et la position des notes. Il y
a trois clefs, qui sont : la clef de *fa*, la clef
d'*ut*, et la clef de *sol*. La clef de *fa* se pose
sur les 3ᵉ et 4ᵉ lignes ; la clef d'*ut* se pose sur

---

(1) Pl. I, fig. 1.

les 1re, 2e, 3e et 4e; la clef de *sol*, sur les 1re et 2e (1).

La clef de *fa*, qui sert pour les voix et les instrumens graves, ne s'emploie plus guère que posée sur la 4e ligne. La clef d'*ut*, qui n'est plus usitée sur la 2e ligne, sert sur la 1re ligne, pour les dessus ou *soprani*, sur la 3e ligne, pour l'instrument qu'on nomme *alto* ou *quinte*, et pour les voix qu'on appelle *haute-contre*. La clef d'*ut* sur la 4e ligne, est en usage pour les voix qu'on appelle *ténor*, et pour le basson et le violoncelle. La clef de *sol*, usitée seulement sur la 2e ligne, s'emploie pour les voix et les instrumens à sons aigus. Cependant la connaissance de toutes les clefs et de leurs différentes positions est nécessaire à quiconque veut être en état de transposer (2).

----

(1) Pl. I, fig. 2.

(2) Autrefois, aux écoles de Musique qui existaient dans les cathédrales, on avait coutume de se familiariser avec toutes les clefs, au moyen des leçons de solfége; cette méthode contribuait à développer la science musicale. Aujourd'hui, on a borné le nombre des clefs à celles usitées pour chaque instrument; encore y en a-t-il, tel que le violoncelle, pour lequel on employait jusqu'à quatre clefs, où on semble vouloir les réduire à une seule. Il paraît qu'on cherche à diminuer ce genre d'étude qui n'est qu'un objet de calcul, sans prévoir les graves inconvéniens qui doivent en résulter. Indépendamment de la difficulté qu'on peut éprouver lorsqu'il est question de transposer, nous avons vu des personnes réglant leur doigté d'après la position des notes, sans en connaître le nom, et, par conséquent, être hors d'état d'apprécier la valeur des intervalles.

La clef détermine le nom et la position des notes, parce que la note posée sur la même ligne que la clef, en porte le nom ; ainsi, la clef de *sol* étant posée sur la 2ᵉ ligne, la note qui se trouve sur cette même ligne se nomme *sol*. Connaissant la note qui est sur la ligne de la clef, on trouvera le nom et la position des autres notes, en suivant la marche régulière des notes de la gamme, soit en montant, soit en descendant, puisqu'en passant d'une ligne à un interligne et de celui-ci à une autre ligne, on monte ou on descend d'un degré à un autre.

ART. 5. *Des Figures ou Espèces de notes.*

Les *figures* ou *espèces de notes* sont des caractères de Musique qui servent à déterminer la valeur des notes ou la durée des sons. Il y en a sept, qu'on nomme, *ronde, blanche, noire, croche, double-croche, triple-croche* et *quadruple-croche* (1). La ronde, qui est la plus longue de toutes, doit en être considérée comme l'unité, dont les autres ne sont que des fractions, qui diminuent de la moitié, en suivant l'ordre dans lequel elles sont désignées. La ronde vaut deux blanches, ou quatre noires, ou huit croches, ou seize doubles-croches, ou trente-deux triples-croches, ou soixante-quatre quadruples-croches.

______

(1) Pl. I, fig. 3.

ART. 6. *Des Silences.*

Les *silences* sont des signes qui indiquent qu'on doit se taire pendant la valeur des notes dont ils tiennent la place. Il y a sept silences qui répondent à chacune des figures de notes; ce sont : la *pause*, la *demi-pause*, le *soupir*, le *demi-soupir*, le *quart de soupir*, le *demi-quart* ou *huitième de soupir*, et le *seizième de soupir* (1). La pause vaut la ronde, la demi-pause vaut la blanche, le soupir vaut la noire, le demi-soupir est égal à la croche, le quart de soupir à la double-croche, le huitième de soupir à la triple-croche et le seizième de soupir à la quadruple-croche. Cependant la pause n'a pas toujours la même valeur que la ronde, mais elle vaut toujours la mesure entière, quoi qu'elle puisse contenir.

Il y a encore deux autres signes de silences, qui sont : le *bâton*, valant quatre pauses, et le *demi-bâton* qui en vaut deux (2).

ART. 7. *Valeur du Point après la note.*

Au moyen d'un point qu'on met après chacune des figures de notes, on en augmente la valeur de moitié; ainsi, la ronde suivie d'un point vaut trois blanches, la blanche pointée vaut trois noires, etc. Si on ajoute un second point à la suite du premier, la note suivie de

---

(1) Pl. I, fig. 4. — (2) *Idem*, fig. 1.

ces deux points augmente des trois quarts , parce
que ce dernier point vaut la moitié du premier.
Le point et le double-point ont la même propriété après les silences (1).

ART. 8. *Des Accidens.*

On appelle *accidens*, des signes ou caractères
de Musique qui servent à altérer ou changer le
ton des notes. On leur donne plus particuliè-
rement ce nom , parce qu'ils se rencontrent ,
comme par hasard , dans le courant d'un morceau
de Musique.

Il y a trois accidens , qui sont : le *dièze* , le
bémol et le *bécarre*. Le dièze sert à hausser
la note d'un demi-ton , le bémol la baisse
d'un demi-ton , et le bécarre la remet dans
son ton naturel , c'est-à-dire dans le ton où
elle était avant d'avoir été haussée par un dièze
ou baissée par un bémol (2).

ART. 9. *Manière d'armer la Clef de dièzes ou de bémols.*

Non-seulement ces signes sont accidentels ,
mais on les pose aussi à la clef dans un ordre
fixe. Soit qu'il n'y ait qu'un dièze à la clef ,
ou qu'il y en ait plusieurs , le premier est
toujours sur le *fa* , et les suivans à la quinte
l'un de l'autre en montant. Le premier bémol

---

(1) Pl. 1 , fig. 6. — (2) *Idem* , fig. 7.

se pose sur le *si*, et les suivans à la quinte l'un de l'autre en descendant. Cette règle est de rigueur, tant pour les dièzes que pour les bémols (1). Ces signes, placés ainsi à la clef, affectent toutes les notes de même nom que celles où ils se trouvent. Lorsqu'ils ne sont qu'accidentels, ils n'altèrent que les notes de même nom qui se trouvent dans la mesure où ils sont placés; mais leur effet se prolonge, lorsque la première note de la mesure suivante est la même que la dernière de la mesure précédente, où est le signe accidentel.

ART. 10. *Du Double-Dièze et du Double-Bémol.*

Il arrive quelquefois qu'on est obligé de hausser ou baisser d'un demi-ton une note qui a déjà un dièze ou un bémol à la clef; alors on emploie une seconde fois ces signes, qu'on nomme *double-dièze* et *double-bémol*; on leur donne ordinairement une figure différente des autres (2).

SECTION II.

ARTICLE 1ᵉʳ. *De la Mesure.*

PAR la *mesure*, on entend la division d'un morceau de Musique en différentes parties

______

(1) Pl. I, fig. 8. — (2) *Idem*, fig. 9.

égales; cette égalité consiste, non dans l'étendue, mais dans la durée. La mesure se subdivise en d'autres parties égales que l'on nomme *temps*, et qui se marquent par des mouvemens égaux de la main ou du pied. On sépare les mesures au moyen de petites barres qui traversent perpendiculairement la portée, lesquelles, en indiquant la fin d'une mesure, marquent le commencement de la suivante.

Il y a trois mesures, que l'on nomme *simples* ou *principales*; ce sont : la *mesure à deux temps*, la *mesure à trois temps*, et la *mesure à quatre temps*. La manière de diviser la mesure est indiquée par les chiffres que l'on met après la clef, au commencement d'un morceau de Musique (1).

Art. 2. *De la Mesure à deux temps.*

La *mesure à deux temps* se marque par un 2 ou un C barré. Le premier temps est le frapper, le deuxième est le lever. La ronde vaut la mesure entière; la blanche, qui est la moitié de la ronde vaut un temps, moitié de la mesure.

Art. 3. *De la Mesure à trois temps.*

La *mesure à trois temps* se marque par un 3. Le premier temps est le frapper, le deuxième

______

(1) Pl. II, fig. 1.

est à droite, et le troisième en levant. Pour la mesure entière, il faut une blanche pointée; pour un temps qui est le tiers de la mesure, il faut une noire.

ART. 4. *De la Mesure à quatre temps.*

La *mesure à quatre temps* se marque par un C. Le premier temps est le frapper, le deuxième à gauche, le troisième à droite, et le quatrième en levant. La ronde vaut la mesure entière; pour un temps, qui est le quart de la mesure, il faut une noire, quart de la ronde.

Les mesures à deux et à quatre temps, pouvant se résoudre en une seule, se divisent en deux ou en quatre parties, selon que le mouvement est vif ou lent. On nomme *simples* ou *principales* les mesures dont on vient de parler, parce que de celles-là dérivent d'autres mesures, que l'on nomme *mesures composées*, qui se divisent de la même manière que les précédentes.

ART. 5. *Des Mesures composées.*

Les *mesures composées* sont celles qui se marquent par deux chiffres l'un au-dessus de l'autre, de la manière dont on exprime les fractions de nombre. Le chiffre supérieur indique le nombre de fractions ou parties de la ronde qu'il faut pour la mesure, et le chiffre inférieur désigne la valeur de chacune de ces fractions. Je suppose que la mesure est marquée par les chiffres $\frac{2}{4}$; le chiffre supérieur 2 avertit qu'il faut pour la mesure deux parties de la ronde, et le chiffre inférieur 4 signifie que chacune de ces deux parties doit être égale en valeur au quart de la ronde. La mesure marquée par les chiffres $\frac{3}{8}$ contient trois huitièmes de ronde, qui sont trois croches.

Les dérivés de la mesure à deux temps sont : $\frac{2}{4}$, $\frac{4}{8}$ et $\frac{2}{2}$. Ceux de la mesure à trois temps sont : $\frac{3}{4}$, $\frac{3}{8}$, $\frac{3}{2}$, $\frac{3}{16}$ et $\frac{6}{8}$. Ceux de la mesure à quatre temps sont $\frac{4}{8}$ et $\frac{4}{16}$ (1). En général, lorsque le chiffre supérieur désigne un nombre pair, la mesure se bat à deux temps, ou à quatre, si elle est compliquée et le mouvement lent; si le chiffre supérieur indique un nombre impair, la mesure est à trois temps.

ART. 6. *Du Temps fort et du Temps faible.*

On distingue les divers temps de la mesure en *temps forts* et en *temps faibles*, parce que les uns sont plus sensibles et plus marqués que les autres, quoique de valeur égale en durée. Les temps forts sont les temps impairs, c'est-à-dire les premiers et troisièmes; les temps faibles sont les deuxièmes et quatrièmes. Chacun des temps de la mesure étant susceptible de plusieurs divi-

---

(1) Pl. II, fig. 2.

sions, les divisions impaires doivent participer à
l'expression qui appartient au temps fort, et les
autres divisions doivent être exprimées comme
il convient au temps faible. Il y a des mesures dont
les temps ne peuvent se diviser par moitié, telles
que les mesures composées à $\frac{6}{4}$, $\frac{6}{8}$, $\frac{9}{8}$, $\frac{9}{4}$, $\frac{12}{4}$, et $\frac{12}{8}$,
dont les temps doivent être divisés en trois
parties; la première partie de chacun de ces
temps doit être considérée comme *temps fort.*

SECTION III.

ARTICLE 1er. *De la Syncope.*

La *syncope* est une note qui appartient égale-
lement à deux temps différens ou à deux parties différentes d'un même temps; elle commence sur le temps faible pour finir sur le
temps fort. Son emploi est de changer l'expression ordinaire de ces temps, c'est-à-dire qu'on
doit exprimer avec force la partie faible du temps
où elle commence, et affaiblir la partie forte
où elle finit. Le nom de syncope lui vient de
ce que, se trouvant à contre-temps, elle semble heurter et choquer la mesure.

On distingue la syncope en *syncope régulière* et en *syncope irrégulière* ou *brisée.* La
première est celle dont on a parlé ci-dessus,
dont les divisions sont d'une valeur égale. La

seconde est irrégulière, parce que sa dernière partie n'a souvent que la moitié ou le quart de sa première division (1).

ART. 2. *De la Liaison.*

La *liaison* est un trait recourbé qui couvre deux ou plusieurs notes, pour avertir qu'elles doivent être liées ensemble d'un seul coup d'archet, de langue ou de gosier. Lorsque deux notes sont liées, soit que la première des deux se trouve au temps fort ou au temps faible, elle doit être exprimée avec plus de force, et le son de la seconde doit être adouci (2).

ART. 3. *Des Points détachés.*

Les *points détachés* sont ceux qui se placent au-dessus ou au-dessous des notes, pour avertir qu'elles doivent se prononcer sèchement et que les sons doivent être détachés les uns des autres. On fait aussi usage de petits traits perpendiculaires, qui, placés sur les notes de quelque valeur qu'elles soient, avertissent qu'elles doivent être articulées fortement (3).

ART. 4. *Du Point d'Orgue, d'Arrêt ou de Repos.*

Le *point d'orgue*, *d'arrêt* ou *de repos*, est une espèce de *C* renversé avec un point au milieu. On l'appelle *point d'orgue*, lors- que dans un morceau d'ensemble, les parties

----

(1) Pl. II, fig. 3. — (2) *Idem*, fig. 3. — (3) *Idem*, fig. 4.

d'accompagnement s'arrêtent, tandis que la partie principale exécute à volonté des traits, le plus souvent non mesurés. Lorsque ce signe se trouve à la fois dans toutes les parties sur la note correspondante, il sert à suspendre la mesure et indique un repos général; on le nomme alors *point d'arrêt* ou *de repos* (1). Ce signe, qui se place aussi sur les silences, produit un effet semblable.

ART. 5. *De la Reprise.*

La *reprise* est un signe composé de deux barres perpendiculaires, ayant des points tantôt à gauche, tantôt à droite, ou des deux côtés à la fois. Les points de gauche indiquent qu'il faut recommencer ce qui précède, et ceux de droite marquent qu'il faut répéter ce qui suit (2).

ART. 6. *Du Renvoi et du Guidon.*

Le *renvoi* est un signe figuré à volonté, qui, correspondant à un autre signe semblable, marque qu'il faut du second retourner où est le premier, et de là suivre jusqu'au point final (3).

Le *guidon* est un petit signe qui se met à la fin de la portée, pour indiquer la note qui commence la portée suivante (4).

---

(1) Pl. II, fig. 5. — (2) *Idem*, fig. 6. — (3) *Idem*, fig. 7. — (4) *Idem*, fig. 8.

ART. 7. *Du Triolet.*

On nomme *triolet*, la réunion de trois notes égales qui n'en valent que deux de même espèce ; et, pour qu'elles ne durent pas plus, il faut en augmenter le mouvement de moitié. On l'indique ordinairement par les chiffres 3 ou 6 placés au-dessus ou au-dessous d'une suite de notes de même valeur. La propriété du triolet est de changer en sous–triple la division sous–double de la ronde. Par exemple, pour la mesure à deux temps, il faut huit croches, qui en vaudront douze si on les convertit en triolet ; ces douzes seront égales en valeur à la ronde, et devront se faire entendre dans le même espace de temps. On doit exprimer plus fortement la première note de chaque triolet (1).

SECTION IV.

ARTICLE 1er. *De la Gamme.*

Le mot *gamme* signifie *échelle*, et indique la succession régulière et immédiate des notes de la Musique, soit en montant, soit en descendant.

Il y a trois sortes de gammes, savoir : la *gamme diatonique*, la *gamme chromatique* et la *gamme enharmonique*.

---

(1) Pl. II, fig. 9.

ART. 2. *De la Gamme diatonique.*

La *gamme diatonique* est composée de huit notes qui, dans l'ordre naturel, procèdent par *tons* et *demi-tons*. Ces huit notes sont : *ut*, *ré*, *mi*, *fa*, *sol*, *la*, *si*, *ut*; cette huitième note, qui est la même que la première, forme ce qu'on appelle *octave*, qui renferme sept *intervalles* ou *degrés*; de ces sept intervalles, les uns sont d'un ton et les autres d'un demi-ton majeur. Dans cette gamme les demi-tons sont du *mi* au *fa* et du *si* à l'*ut*, c'est-à-dire de la 3e à la 4e note et de la 7e à la 8e; les autres intervalles sont d'un ton. On distingue les différens degrés de la gamme par les numéros et par les noms suivans :

1re note,   2e 3e 4^e
ou tonique, sus-tonique, médiante, sous-dominante,
    5e 6e 7e 8^e
dominante, sus-dominante, sensible, octave (1).

ART. 3. *Division de la Gamme par demi-tons, ou Gamme chromatique.*

Chacun des cinq tons de la gamme peut se partager en deux demi-tons, dont l'un est majeur et l'autre mineur. La gamme divisée ainsi entièrement se nomme alors *gamme chromatique*; elle contient en tout douze demi-tons, dont sept majeurs et cinq mineurs (2).

---

(1) Pl. III, fig. 1. — (2) *Idem*, fig. 2.

Le demi-ton est majeur, lorsque les deux notes qui le forment ont un nom différent et ne sont pas sur le même degré, comme du *mi* au *fa*, ou de l'*ut* au *ré b*. Il est mineur quand ces deux notes sont sur le même degré et portent le même nom, comme d'*ut* à *ut dièze*, ou de *si b* à *si naturel*.

ART. 4. *De la Gamme enharmonique.*

La *gamme enharmonique*, qui est composée entièrement de *secondes mineures* et *secondes diminuées*, procède par intervalles de demitons mineurs et de *comma* (1). Le *comma* est la différence qu'il y a, par exemple, entre l'*ut dièze* et le *ré bémol*. Ces deux notes forment entre elles une seconde diminuée qui contient environ un neuvième de ton. Cet intervalle est nul sur le forté-piano au moyen du tempérament, puisque la même touche sert à faire ces deux notes; sur la plupart des instrumens à vent on employait aussi le même doigté, mais il était difficile de les faire entendre parfaitement justes, malgré le secours de l'embouchure, ce qui contribuait beaucoup à borner l'emploi de ces instrumens; voilà pourquoi on a remédié à ce défaut de justesse, en leur ajoutant un certain nombre de clefs.

---

(1) On trouvera à l'article des *Intervalles* ce que c'est qu'une *Seconde*.

Le violon est le seul instrument sur lequel on puisse apprécier la différence qui se trouve entre les deux notes formant l'intervalle appelé *comma*. Une voix juste jouit du même avantage et prouvera, ainsi que le violon, sur un organe délicat, la vérité de ce problème. La gamme enharmonique n'est pas d'une exécution praticable, mais elle peut fournir au compositeur des moyens de transition qui, quand ils sont employés à propos, sont capables de surprendre et de ravir les auditeurs (1).

ART. 5. *De l'Unisson.*

Le mot *unisson* signifie union de deux sons qui se trouvent sur le même degré, dont l'un n'est ni plus grave ni plus aigu que l'autre, et dont l'intervalle étant nul, ne donne qu'un rapport d'égalité.

SECTION V.
ARTICLE 1er. *De l'Intervalle.*

On appelle *intervalle*, la distance entre deux sons plus ou moins éloignés, dont l'un est au grave et l'autre à l'aigu. On distingue les intervalles en *intervalles conjoints* et en *intervalles disjoints*. Les intervalles conjoints

---

(1) Pl. III, fig. 3.

sont ceux dont les degrés se succèdent immédiatement, et entre lesquels on ne peut placer d'autres notes, comme d'*ut* à *ré*, ou de *mi* à *fa*, etc. Les intervalles disjoints sont ceux dont les degrés ne se succèdent pas immédiatement, et entre lesquels on peut placer d'autres notes, comme d'*ut* à *mi*, ou de *ré* à *sol*, etc.

En général, les intervalles tirent leur nom du nombre de notes dont ils sont formés, et se comptent ordinairement du grave à l'aigu, c'est-à-dire en montant.

Les intervalles compris dans l'étendue de la gamme sont : la *seconde*, la *tierce*, la *quarte*, la *quinte*, la *sixte*, la *septième* et l'*octave* (1).

ART. 2. *De la Seconde.*

La *seconde* est un intervalle de deux notes, qui ne contient qu'un degré. Il y a quatre sortes de secondes, qui sont : la *seconde diminuée*, la *seconde mineure*, la *seconde majeure* et la *seconde augmentée.*

La seconde diminuée ou *comma*, est composée de deux notes à un degré l'une de l'autre, comme d'*ut dièze* à *ré bémol* ; c'est le plus petit de tous les intervalles, et quoiqu'il y ait un degré entre ces deux notes, il ne contient pas un demi-ton ; son étendue

---

(1) *Voyez* la planche IV.

consiste dans la différence qu'il y a entre le demi-ton majeur et le demi-ton mineur ; son rapport numérique est comme de huit à neuf. La *seconde mineure* est composée d'un demi-ton majeur, comme de *mi* à *fa*. La *seconde majeure* contient deux demi-tons, l'un majeur et l'autre mineur, comme d'*ut* à *ré*. La *seconde augmentée* contient trois demi-tons, un majeur et deux mineurs, comme d'*ut* à *ré dièze.*

Art. 3. *De la Tierce.*

La *tierce* est un intervalle de trois notes, contenant deux degrés. Il y a quatre sortes de tierces : la *tierce diminuée*, la *tierce mineure*, la *tierce majeure* et la *tierce augmentée.*

La tierce diminuée contient deux demi-tons majeurs, comme de *si* à *ré b*. La tierce mineure contient trois demi-tons, deux majeurs et un mineur, comme de *la* à *ut*. La tierce majeure est composée de quatre demi-tons, dont deux majeurs et deux mineurs, comme d'*ut* à *mi*. La tierce augmentée contient cinq demi-tons, dont deux majeurs et trois mineurs, comme de *fa* à *la dièze.*

Art. 4. *De la Quarte.*

La *quarte* est un intervalle de quatre notes, qui contient trois degrés. Il y a trois sortes de quartes : la *quarte diminuée*, la *quarte juste* et la *quarte augmentée* ou *triton*.

La quarte diminuée est composée de quatre demi-tons, dont trois majeurs et un mineur, comme d'*ut dièze* à *fa*. La quarte juste contient cinq demi-tons, trois majeurs et deux mineurs, comme d'*ut* à *fa*. La quarte augmentée contient six demi-tons, dont trois majeurs et trois mineurs, comme de *fa* à *si*.

Art. 5. *De la Quinte*

La *quinte* est un intervalle de cinq notes, contenant quatre degrés. Il y a trois sortes de quintes, savoir : la *quinte diminuée*, la *quinte juste* et la *quinte augmentée*.

La quinte diminuée contient six demi-tons, dont quatre majeurs et deux mineurs, comme de *si* à *fa*. La quinte juste contient sept demi-tons, quatre majeurs et trois mineurs, comme d'*ut* à *sol*. La quinte augmentée contient huit demi-tons, quatre majeurs et quatre mineurs, comme d'*ut* à *sol dièze*.

Art. 6. *De la Sixte.*

La *sixte* est un intervalle de six notes, qui contient cinq degrés. Il y a quatre sortes de sixtes : la *sixte diminuée*, la *sixte mineure*, la *sixte majeure* et la *sixte augmentée*.

La sixte diminuée est composée de sept demi-tons, dont cinq majeurs et deux mineurs, comme de *la dièze* à *fa*. La sixte mineure contient huit demi-tons, cinq majeurs et trois mineurs, comme de *mi* à *ut*. La sixte majeure contient neuf demi-tons, cinq majeurs et quatre mineurs, comme d'*ut* à *la*. La sixte augmentée est composée de dix demi-tons, dont cinq majeurs et cinq mineurs, comme de *ré bémol* à *si*.

ART. 7. *De la Septième.*

La *septième* est l'intervalle de sept notes, contenant six degrés. Il y a quatre sortes de septièmes : la *septième diminuée*, la *septième mineure*, la *septième majeure* et la *septième augmentée*.

La septième diminuée est composée de neuf demi-tons, dont six majeurs et trois mineurs, comme de *sol dièze* à *fa*. La septième mineure contient dix demi-tons, six majeurs et quatre mineurs, comme de *ré* à *ut*. La septième majeure contient onze demi-tons, six majeurs et cinq mineurs, comme d'*ut* à *si*. La septième augmentée contient douze demi-tons, dont six majeurs et six mineurs, comme de *sol bémol* à *fa dièze*. (La différence de ce dernier intervalle à l'octave consiste dans celle d'un demi-ton mineur à un demi-ton majeur.)

ART. 8. *De l'Octave.*

L'*octave* est l'intervalle de huit notes, qui contient sept degrés (1). Cet intervalle ne peut

____

(1) *Voyez* l'article *Gamme*.

être ni majeur ni mineur, ni diminué, ni augmenté ; enfin, il ne peut souffrir aucune altération sans cesser d'être octave.

On doit avoir remarqué au sujet des intervalles, 1° Que la *seconde*, la *tierce*, la *sixte* et la *septième*, ont quatre modifications, c'est-à-dire qu'elles peuvent être *diminuées*, *mineures*, *majeures* et *augmentées* ; tandis que la *quarte* et la *quinte* ne peuvent être que *diminuées*, *justes* et *augmentées*, n'étant jamais ni *majeures* ni *mineures* ; 2° Que chacun des intervalles avec ses différentes modifications, va progressivement en augmentant d'un demi-ton toujours mineur. Ainsi, pour passer d'un intervalle diminué à un intervalle mineur, il suffit d'ajouter un demi-ton mineur ; de cet intervalle mineur au majeur, la progression est encore d'un demi-ton mineur ; de l'intervalle majeur à l'intervalle augmenté, même gradation.

ART. 9. *De l'Altération des Intervalles.*

Altérer un intervalle, c'est l'augmenter ou le diminuer, en ajoutant ou retranchant à son étendue. En altérant un intervalle, il change de qualité sans changer de nom, c'est-à-dire qu'il conserve toujours le nombre de degrés dont il est composé.

ART. 10. *Du Renversement des Intervalles.*

Renverser un intervalle, c'est des deux sons

qui le forment, mettre à l'aigu celui qui était au grave, et au grave celui qui était à l'aigu, c'est-à-dire monter ou descendre d'un octave celui de ces deux sons. Le *renversement* d'un intervalle en change la forme, quoiqu'il reste composé des mêmes notes. Ainsi, en renversant la *seconde*, elle devient *septième*, et la *septième* se change en *seconde*; la *tierce* se change en *sixte*, et la *sixte* en *tierce*; la *quarte* devient *quinte* et la *quinte* produit une *quarte*. Si on renverse un intervalle *mineur*, il produit un intervalle *majeur*, et l'intervalle *majeur* devient *mineur*. L'intervalle *diminué* se change en intervalle *augmenté*, et l'*augmenté* en *diminué*; l'intervalle *juste* reste *juste* (1).

ART. 11. *Divison des Intervalles.*

On *divise* les intervalles en *consonnans* et en *dissonnans*. L'intervalle consonnant est formé de deux sons, dont l'accord plaît à l'oreille; l'intervalle dissonnant est celui dont les deux sons forment un accord désagréable à l'oreille. Les intervalles consonnans compris dans l'étendue de la gamme sont : la *tierce*, la *quarte*, la *quinte*, la *sixte*, et l'*octave*; les dissonnans sont : la *seconde* et la *septième*. On divise les intervalles consonnans en *parfaits* et en *imparfaits*. Les intervalles consonnans par-

____

(1) Pl. . fig.

faits sont : la *quarte* et la *quinte*, qui ne peuvent être altérées sans devenir *diminuées* ou *augmentées*. Les intervalles consonnans imparfaits sont : la *tierce* et la *sixte*, qui peuvent être majeurs et mineurs. (Tous les intervalles, quels qu'ils soient, sont des *dissonnances*, dès qu'ils deviennent *diminués* ou *augmentés*.)

ART. 12. *Des Intervalles plus grands que l'Octave.*

Les intervalles compris dans l'étendue de l'octave se nomment *intervalles simples* ; lorsqu'ils excèdent l'octave, on les nomme *intervalles composés*, parce qu'ils sont l'octave ou la réplique des intervalles simples. L'intervalle *simple* devient *composé* en y ajoutant un octave, et l'intervalle *composé* devient *simple* en en retranchant un octave. Les intervalles composés, comme les simples, tirent leur nom du nombre de notes dont ils sont formés ; ainsi, un intervalle de neuf notes se nomme neuvième, etc.

SECTION VI.

ARTICLE 1er. *De l'Accord parfait.*

ON appelle *accord parfait*, celui qui est produit par la résonnance du corps sonore, et qui est composé de trois sons différens , sans compter leurs octaves; ces sons , dont le fondamental est au *grave* , le second à la *douzième* et le troisième à la *dix-septième* , forment entre eux l'accord le plus agréable et le plus parfait qu'on puisse entendre. Mais , pour que cet accord puisse être à la portée des voix et des instrumens , on a coutume d'en rapprocher les intervalles ; ainsi , on le compose ordinairement du son fondamental au grave , de sa tierce , de sa quinte et de son octave. On le distingue en accord parfait majeur et en accord parfait mineur. L'accord parfait est majeur , quand il y a deux tons du son fondamental à sa tierce ; il est mineur, quand ce même intervalle ne contient qu'un ton et demi.

ART. 2. *Du Mode* (1).

Le mot *mode* signifie manière de distribuer les tons et les demi-tons de la gamme. Il y a deux modes : le *mode majeur* et le *mode mineur*. Le mode est majeur, quand il y a deux tons de la première note de la gamme à la troisième ; il est mineur, quand cet intervalle ne contient qu'un ton et demi. Dans le mode majeur, la tierce et la sixte sont majeures , et dans le mode mineur ces deux intervalles sont mineurs.

---

(1) Pl. V.

ART. 3. *Différence entre les deux Modes.*

Il faut se rappeler que la gamme diatonique contient cinq tons et deux demi-tons majeurs. Dans le mode majeur, ces demi-tons sont de la 3ᵉ note à la 4ᵉ et de la 7ᵉ à la 8ᵉ ; et dans le mode mineur, ils se trouvent de la 2ᵉ à la 3ᵉ et de la 5ᵉ à la 6ᵉ. Mais dans ce même mode, indépendamment de ces deux demi-tons, il s'en forme encore un de la 7ᵉ note à la 8ᵉ, au moyen d'un dièze ou d'un bécarre accidentels (ces signes sont appelés accidentels, parce qu'ils ne peuvent se mettre à la clef), qui servent à faire distinguer ce mode de son relatif majeur.

Ce signe accidentel mettant un ton et demi entre la 6ᵉ et la 7ᵉ note, forme entre elles un intervalle de seconde augmentée, que l'on appelle *fausse relation*, c'est-à-dire rapport indirect dans la marche diatonique de la gamme qui ne devrait procéder que par tons et demi-tons, ce que l'on évitait en faisant les 6ᵉ et 7ᵉ notes majeures dans la gamme ascendante ; et on employait, pour cela, un signe accidentel à toutes deux, que l'on retranchait dans la gamme descendante. C'est de là que vient le nom de *gamme mixte* que l'on donne à cette marche du mode mineur, parce que cette gamme est censée divisée en deux parties, dont la première appartient au mode mineur et la seconde au mode majeur. Souvent, à la vérité, dans les morceaux d'un caractère sérieux ou pathétique, le compositeur savait faire usage de cette fausse relation, tant en montant qu'en descendant, pour donner à son sujet une expression plus énergique. Aujourd'hui, la plupart des auteurs semblent avoir adopté exclusivement cette fausse relation en montant seulement, supprimant le signe accidentel de la 7e note. Mais, quel que soit le système auquel on s'attache, on ne parviendra pas à donner à la gamme mineure une marche régulière comme à la gamme majeure.

ART. 4. *Du Rapport qui se trouve entre les deux Modes.*

Les deux modes sont relatifs, c'est-à-dire qu'ils ont du rapport ou de la ressemblance l'un avec l'autre. Le mode mineur, qui dérive naturellement du majeur, a sa première note ou tonique, une tierce au-dessous de celui-ci. Ainsi, *ut* étant première note du mode majeur, en descendant d'une tierce on trouvera *la* pour première note du mineur relatif *d'ut*.

ART. 5. *Du Rapport entre les deux Modes.*

Le rapport entre les deux modes consiste, 1° En ce que l'accord parfait de chacun a deux notes communes à tous deux; 2° En ce qu'on peut être dans l'un ou l'autre mode avec les mêmes signes qui se trouvent à la clef.

ART. 6. *Trouver le Ton et le Mode lorsqu'il n'y a rien à la Clef.*

Quand il n'y a rien à la clef, on ne peut être qu'en *ut* majeur ou en *la* mineur. (Ces deux tons relatifs sont le modèle de tous les autres.) Pour distinguer ces deux modes l'un de l'autre, il faut savoir que, généralement, le chant commence par une des notes de l'accord parfait du ton dans lequel il est. L'accord parfait d'*ut* est *ut*, *mi*, *sol*; celui de *la* est *la*, *ut*, *mi*; donc, *ut* et *mi* se trouvent dans l'accord parfait de chacun. Ainsi, le chant commençant par *la*, première note du mode mineur, cela suffit pour prouver qu'on ne peut être en *ut* majeur, parce que *la* n'est pas dans l'accord parfait d'*ut*. Au contraire, s'il commence par *sol*, cinquième note du ton d'*ut*, et qui n'est pas dans l'accord parfait de *la*, on ne peut être qu'en *ut*. Mais si le chant commence par *ut* ou *mi*, qui appartiennent également à l'accord parfait de ces deux modes, il faudra se rappeler que la septième note du mode mineur est presque toujours précédée d'un signe accidentel qui la rapproche d'un demi-ton de la huitième; alors, ce signe qui appartient au mode mineur, le détermine nécessairement. Mais ce signe n'existe pas toujours, surtout, lorsque le chant descend, et bien plus, la note à laquelle il s'attache peut ne pas se rencontrer, parce que la même phrase de chant peut appartenir aux deux modes ; alors, dans le doute, il faut avoir recours à la basse, qui détermine le ton dans lequel on est.

Il arrive souvent que pour trouver le ton, on va chercher la dernière note d'un morceau de Musique ; mais, outre que c'est une routine qui ne peut pas donner une connaissance suffisante des modes, on peut encore s'y tromper, parce que cette note finale peut ne pas être la note fondamentale du ton ; ou bien, au lieu de cette même note, il peut se trouver un accord qui, étant composé de plusieurs notes, laisse dans le doute sur la fondamentale.

Art. 7. *Comment les Tons d'*ut *majeur et la* mineur *sont le modèle de tous les autres Tons.*

Nous avons dit que les tons d'*ut* majeur et *la* mineur sont le modèle de tous les autres tons. Par quelque note que commence la gamme dans ces deux modes, les tons et demi-tons de ces différentes gammes doivent être placés comme dans les gammes primitives d'*ut* majeur et *la* mineur, selon le mode. Je suppose vouloir exécuter la gamme de *sol* majeur ; il faut, pour la rendre semblable à celle d'*ut*,

que l'intervalle entre chacune des notes soit
le même, exemple :

ut, ré, mi; fa, sol, la, si, ut.
sol, la, si, ut, ré, mi, fa, sol.

Je vois que le premier demi-ton de cette dernière échelle correspond au premier de celle
d'*ut* ; mais, pour que l'autre demi-ton se trouve
de la 7ᵉ note à la 8ᵉ, il faut placer un dièze
au *fa*, que l'on est dans le cas de mettre à la
clef. Il en est de même pour tous les autres
tons, tant majeurs que mineurs.

ART. 8. *Trouver la première Note de cha-*
que Mode lorsqu'il y a des Dièzes ou des
Bémols à la Clef.

Lorsqu'il y a des dièzes à la clef, la première note du mode majeur est un degré au-
dessus du dernier de ces dièzes, lequel appartient à la 7ᵉ note de ce mode; et la 1ʳᵉ note du
mode mineur est un degré au-dessous de ce
même dièze, parce que, règle générale, le mode
mineur est toujours une tierce au-dessous du
majeur relatif. Lorsqu'il y a des bémols à la
clef, la 1ʳᵉ note du mode majeur est une quinte
au-dessus du dernier bémol, et celle du mineur, une tierce au-dessus de ce même bémol.

Lorsqu'au moyen des signes qui sont à la
clef, on a trouvé la première note de chacun
des deux modes, il faut ensuite connaître au-

quel des deux on doit s'arrêter ; on suivra alors la règle indiquée pour les tons naturels d'*ut* majeur et *la* mineur, c'est-à-dire qu'on aura recours aux notes de l'accord parfait et aux dièzes ou bécarres accidentels de la septième note du mode mineur. (Il faut observer que lorsque la 7° note du mode mineur est bémol à la clef, on emploie un bécarre, qui, en effaçant ce bémol, produit l'effet du dièze.)

ART. 9. *Trouver la première Note du Ton relatif.*

On a dû observer que le mode mineur est une tierce au-dessous de son relatif majeur ; donc le majeur est une tierce au-dessus du mineur. Ainsi, la première note d'un ton étant connue, on montera ou on descendra d'une tierce, pour trouver la première de son relatif majeur ou mineur.

Ire *Observation.*

Chacune des sept notes de la Musique pouvant être dièze, bémol ou naturelle, peut, dans chacune de ces situations, être tonique ou Ire note, tant du mode majeur que du mode mineur ; ce qui produirait quarante-deux tons pour les deux modes. Mais, en comparant *si dièze* à *ut*, *fa b* à *mi*, etc. qui, pour l'effet, produisent deux sons semblables, on peut réduire ces 42 tons à 24, tant majeurs que mineurs, qui sont les résultats des douze demi-tons compris dans la gamme.

IIe Observation.

Lorsque la 1re note du ton se trouve altérée à la clef, soit par un dièze, soit par un bémol, on doit l'énoncer en désignant le ton dans lequel on est ; ainsi on dira : *si* bémol majeur, *fa* dièze mineur, etc., pour les distinguer de *si* majeur, où il se trouve cinq dièzes à la clef, et de *fa* mineur, où il faut quatre bémols.

Art. 10. *Trouver le nombre de Dièzes ou de Bémols à la Clef, au moyen de la première Note du Ton.*

Si, au moyen du dernier dièze ou du dernier bémol de la clef, on trouve la 1re note du ton dans chacun des deux modes, la 1re note du ton indique également le nombre des signes qu'il faut à la clef, en suivant la règle indiquée plus haut, que l'on prend à l'inverse. Ainsi, la 1re note du mode majeur étant un degré au-dessus du dernier dièze, ce dernier dièze se trouve donc au degré au-dessous de la 1re note du ton. Dans le mode mineur, au lieu de descendre d'un degré, on montera d'autant pour trouver le dernier dièze. Lorsqu'il y a des bémols à la clef, on monte d'une quinte au-dessus du dernier pour avoir la 1re note du mode majeur, et d'une tierce pour le mineur ; au contraire, la 1re note de chacun de ces deux modes étant désignée, on trouvera le dernier des bémols de la clef, en descendant d'une quinte pour le mode majeur, et d'une tierce pour le mineur.

Connaissant le dernier dièze, ou le dernier bémol, ou trouvera le nombre de dièzes qu'il faut à la clef, en descendant par quintes jusqu'au *fa* (note sur laquelle se pose le premier dièze à la clef), ou le nombre de bémols, en montant par quintes jusqu'au *si* (où se pose le premier bémol). Exemples : On demande, en *la* majeur, combien faut-il de dièzes à la clef ? *La* étant 1re note du mode majeur, en descendant d'un degré on trouve *sol* pour dernier dièze, d'où descendant par quintes, on rencontre *ut* et *fa* ; donc il faut trois dièzes à la clef. On veut savoir combien il faut de bémols à la clef en *fa* mineur. Le dernier bémol étant une tierce au-dessous de la 1re note du mode mineur, la tierce au-dessous de *fa* est *ré*, dernier bémol, d'où montant par quintes, on trouve *la*, *mi*, *si*, ce qui fait en tout quatre bémols.

ART. 11. *Des Modes ou Tons relatifs ou analogues.*

En indiquant le ton d'un morceau de Musique, on désigne celui par lequel il commence et finit. Mais, pour éviter la monotonie, on change de ton ou de mode, en conservant au moins une des notes de l'accord parfait du ton d'où l'on sort, revenant toujours à celui qu'on a fait entendre le premier, ce qui s'appelle *moduler*.

On nomme *mode* ou *ton principal*, celui par lequel commence et finit la pièce ; et *relatifs*, ceux qu'on entrelace avec le *principal* dans le courant de la modulation.

Chacun des deux modes majeur et mineur a cinq relatifs, tant majeurs que mineurs. Le mode majeur a cinq relatifs, savoir : deux à la quinte, l'un au-dessus et l'autre au-dessous qui sont majeurs comme le principal ; chaque majeur a son relatif mineur à la tierce au-dessous. Le mode mineur a également cinq relatifs, dont deux mineurs à la quinte au-dessus et au-dessous du ton principal ; chacun de ces tons mineurs a son relatif majeur une tierce au-dessus.

On distingue ces changemens de modulation par les signes accidentels qui se rencontrent dans le courant du morceau, et qui, n'appartenant pas au ton principal, indiquent la modulation dans laquelle on passe. Ces signes sont : le *dièze*, le *bémol* et le *bécarre*, au moyen desquels on ajoute ou on retranche à ce qui est à la clef. Pour trouver la première note du ton où l'on va, on calcule comme s'ils y étaient effectivement. Cependant ces signes ne sont quelquefois que d'agrément, mais il ne subsistent pas long-temps, et avec un peu d'usage, on sait bientôt les distinguer.

SECTION VII.

De la Transposition.

Transposer, c'est exécuter un morceau de Musique dans un ton différent de celui où il est écrit. La transposition sert à mettre à la portée des voix ou des instrumens, tous les airs possibles. On transpose en élevant ou baissant la première note du ton, ainsi que toutes les autres, d'un ou plusieurs degrés, selon le ton que l'on a choisi, puis on arme la clef comme l'exige l'analogie de ce nouveau ton.

Pour transposer avec facilité, il faut avoir un grand usage de toutes les clefs, et connaître parfaitement tous les tons. Par exemple, veut—on exécuter un ton plus haut, un morceau de Musique qui est en *ut* majeur et sur la clef de *sol*; *ut* qui est la première note du ton, devant monter d'un degré, se change en *ré*; et la position de la note *ut* à la clef de *sol*, étant la même que celle de *ré* à la clef d'*ut* sur la 3e ligne, il faudra employer cette dernière clef, s'il est question d'exécuter à l'instant le morceau qu'on veut transposer, ou bien, si on veut l'écrire, on peut conserver la même clef de *sol* en replaçant toutes les notes un degré plus haut. Mais dans tous les cas, le ton d'*ut* montant d'un degré, il faut armer la clef en conséquence.

Observation sur la Transposition.

Il est nécessaire d'observer que lorsqu'il est question de transposer, on peut changer de *ton* et non de *mode*. Ainsi, ce qui est dans un mode majeur, ne peut se changer en mineur, et réciproquement.

SECTION VIII.
Des Agrémens du chant.

ON appelle *agrémens du chant*, certains ornemens affectés aux notes qui sont dans telle ou telle position, selon les règles prescrites par le goût. Ces agrémens servent à donner au chant toute l'expression dont il est susceptible. L'expression est une qualité par laquelle le musicien sent vivement et rend avec énergie toutes les idées qu'il doit rendre et tous les sentimens qu'il doit exprimer pour les faire passer dans l'âme de ses auditeurs.

Des Signes d'Agrémens.

Les *agrémens* s'indiquent par différens signes que les maîtres ne marquent pas tous de la même manière; pour quelques-uns, on emploie des petites notes, qui, de quelque longueur qu'on les fasse, doivent être prises sur la valeur de la note principale qui les précède ou les suit. Les autres agrémens sont : le *coulé*, le *flatté*, l'*accent*, le *port de voix*, la *chute*, le *martel—lement* ou MORDENTE, le *tour de gosier* ou GRUPETTO et le *trillo*.

ARTICLE 1ᵉʳ. *Du Coulé.*

Le *coulé* est une note d'agrément que l'on ne prononce point en solfiant, par l'intermédiaire de laquelle on descend, d'un coup de gosier, d'une note à une autre. Le coulé se trouve ordinairement entre deux notes à la tierce l'une de l'autre, et sert à former entre elle une marche diatonique. S'il précède une note simple, il doit prendre la moitié de sa valeur; si cette note est pointée, il peut en durer les deux tiers. L'expression convenable à ce genre d'agrément consiste à en renforcer le son, et à diminuer celui de la note principale sur laquelle il descend, par la raison qu'il se trouve toujours au commencement du *temps fort*, ou de la partie forte du temps (1).

ART. 2. *Du Flatté.*

Le *flatté* sert à monter diatoniquement d'une

---

(1) Pl. VI, fig. 1.

note à une autre , en doublant vivement ces deux notes d'un coup de gosier (1).

ART. 3. *De l'Accent.*

L'*accent* sert de passage d'une note soutenue à une autre plus brève , placée sur le même degré ; il consiste en un coup de gosier , qui élève le son d'un degré pour reprendre à l'instant , sur la note suivante , le même ton d'où l'on est parti. On l'emploie ordinairement à la fin d'un son enflé et diminué ; on en fait usage aussi entre deux notes qui se trouvent près l'une de l'autre , et appartiennent à deux temps différens (1).

ART. 4. *Des Sons enflés et diminués.*

Lorsqu'il se trouve dans un morceau de chant , soit pour la voix ou les instrumens , une note dans le cas d'être soutenue , le son doit être commencé doux , puis aller en augmentant de force et finir en diminuant : c'est ce qu'on appelle *filer des sons.* Quelquefois ces sons étant augmentés doivent se terminer au plus fort ; d'autres fois ils commencent avec force et se terminent en diminuant (1).

ART. 5. *Du Port de voix.*

Le *port de voix* consiste à lier deux sons

(1) Pl. VI., fig. 2. — (2) *Idem*, fig. 4. — (3) *Idem*, fig. 3.

plus ou moins éloignés, en doublant tantôt celui du bas, tantôt celui du haut. Cette note d'agrément s'exprime presque toujours vivement. En général, ces petites notes, éloignées de plus d'un degré de la note principale, se passent toujours vivement (1).

ART. 6. *De la Chute.*

La *chute* est une inflexion tendre de la voix, qui se fait après un son appuyé, et qui tombe comme en mourant sur un degré plus bas (1).

ART. 7. *Du Martellement ou* Mordente.

Le *martellement* ou MORDENTE se fait lorsqu'en descendant diatoniquement d'une note sur une autre par un TRILLO (tremblement), on appuie avec force le son de la première note sur la seconde, tombant ensuite sur cette seconde note par un seul coup de gosier. Ce genre d'agrément se rencontre souvent sur une suite de notes qui se succèdent diatoniquement, et doit être appliqué à la première de chaque deux; mais lorsque le mouvement est vif, on se contente de doubler la première note en la liant à la seconde (1).

ART. 8. *Du Tour de gosier ou* Grupetto.

Le *tour de gosier* ou GRUPETTO consiste

---

(1) Pl. VI, fig. 5. — (2) *Idem*, fig. 6. — (3) *Idem*, fig. 7.

à parcourir vivement, d'un seul coup de gosier, l'intervalle d'une tierce le plus souvent mineure; quelquefois il commence par la note supérieure à celle sur laquelle il est écrit; d'autres fois par la note inférieure. Dans le premier cas, il faut descendre diatoniquement d'une tierce pour remonter d'un degré; s'il commence par la note inférieure, il faut monter d'une tierce pour redescendre d'un degré. Lorsque le signe qui indique ce genre d'agrément se trouve sur une note pointée, il ne s'exprime que sur la valeur du point (1).

ART. 9. *Du Trillo ou* Tremblement, *vulgairement appelé Cadence.*

Le TRILLO ou *tremblement*, que l'on appelle *cadence*, est l'emploi de deux notes qu'on fait entendre successivement. Le battement de ces deux notes prend ordinairement son appui sur l'avant-dernière note d'une phrase, et se termine presque toujours par un GRUPETTO. Le TRILLO peut être exprimé avec plus ou moins de préparation (1).

---

(1) Pl. VI, fig. 8. — (2) *Idem*, fig. 9.

FIN.

FIN DE LA TABLE DES MATIÈRES.

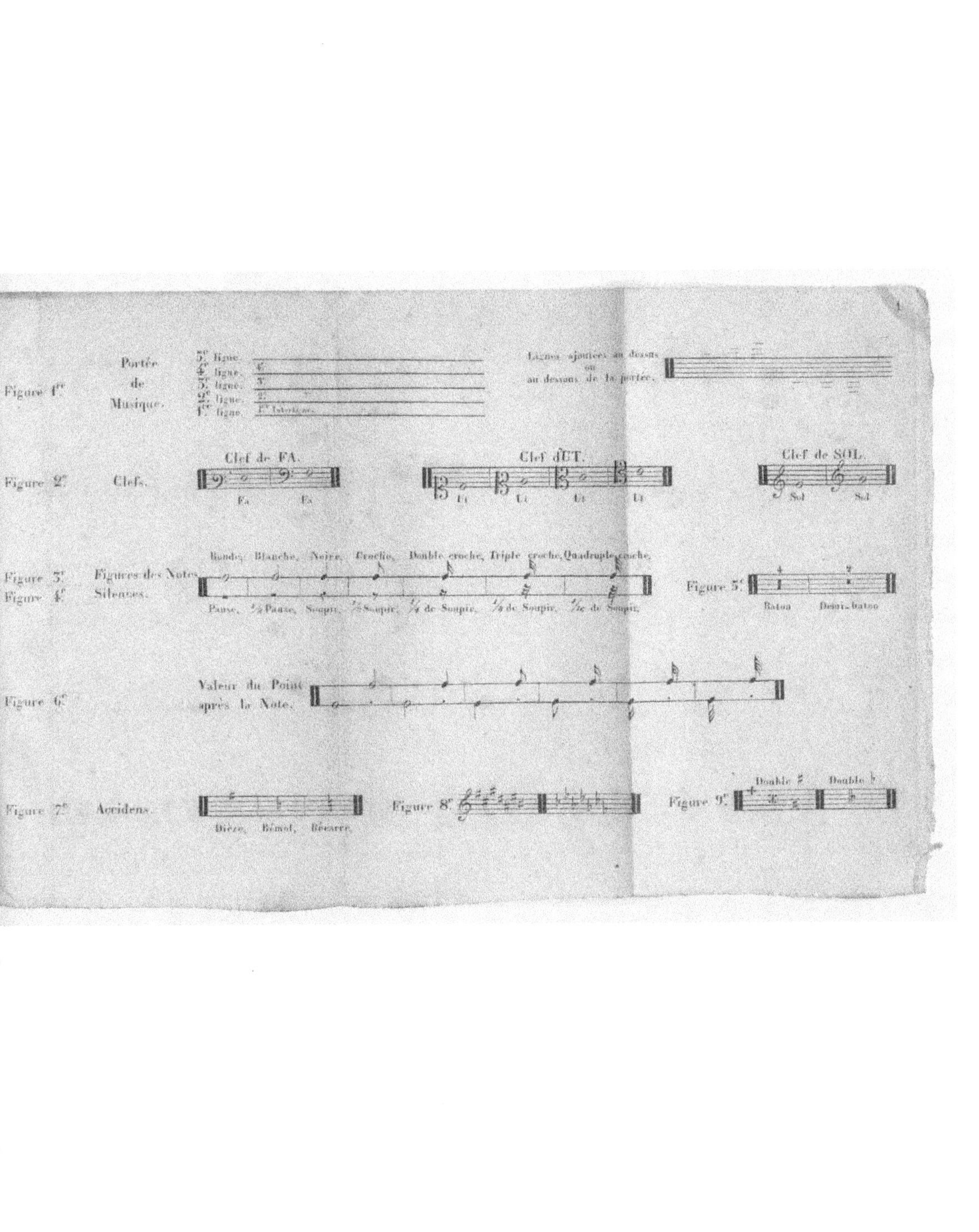

Figure 1re   Portée de Musique.   5e ligne. 4e ligne. 3e ligne. 2e ligne. 1re ligne.
Lignes ajoutées au dessus ou au dessous de la portée.
Figure 2e   Clefs.   Clef de FA.   Fa Fa   Clef d'UT.   Ut Ut Ut Ut   Clef de SOL.   Sol Sol
Figure 3e   Figures des Notes.   Ronde, Blanche, Noire, Croche, Double croche, Triple croche, Quadruple croche.
Figure 4e   Silences.   Pause, 1/2 Pause, Soupir, 1/2 Soupir, 1/4 de Soupir, 1/8 de Soupir, 1/16 de Soupir.
Figure 5e   Baton   Demi-baton.
Figure 6e   Valeur du Point après la Note.
Figure 7e   Accidens.   Dièze, Bémol, Bécarre.
Figure 8e
Figure 9e   Double #   Double b

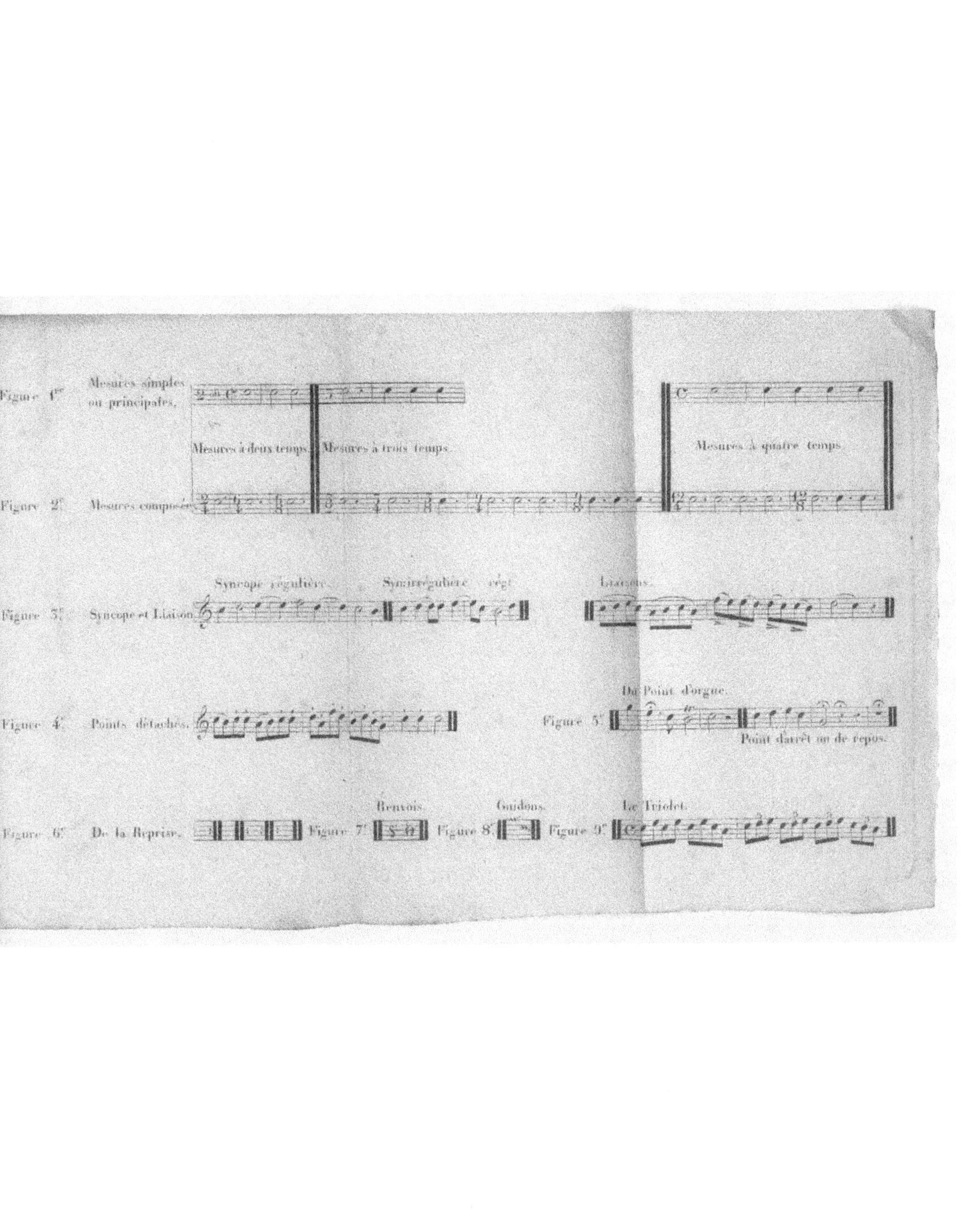

Figure 1re
Mesures simples ou principales,
Mesures à deux temps. Mesures à trois temps.
C
Mesures à quatre temps.
Figure 2e
Mesures composées
Figure 3e
Syncope et Liaison
Syncope régulière.
Syn:irrégulière rég.t
Liaisons.
Figure 4e
Points détachés.
Du Point d'orgue.
Figure 5e
Point d'arrêt ou de repos.
Figure 6e
De la Reprise.
Renvois.
Figure 7e
Guidons.
Figure 8e
Figure 9e
Le Triolet.

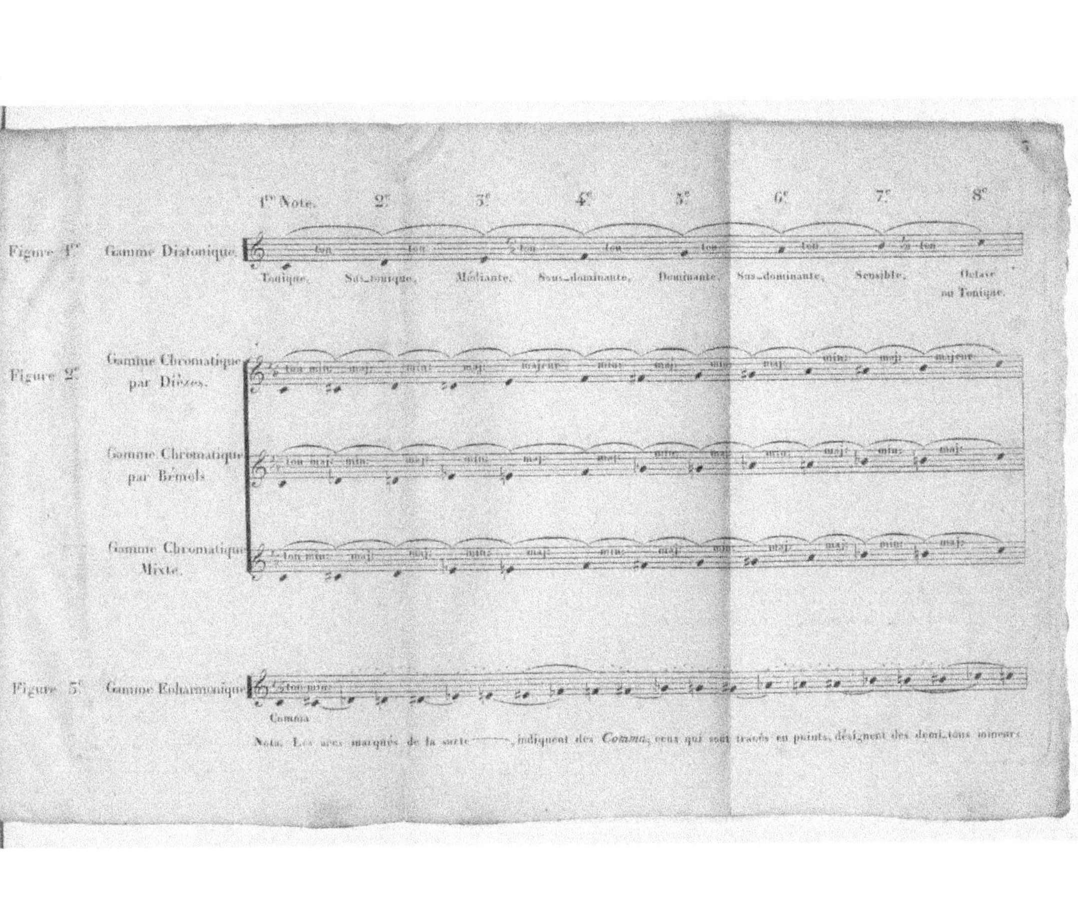

1re Note.   2e   3e   4e   5e   6e   7e   8e
Figure 1re   Gamme Diatonique.
ton   ton   ½ ton   ton   ton   ton   ½ ton
Tonique,   Sus_tonique,   Médiante,   Sous_dominante,   Dominante,   Sus_dominante,   Sensible,   Octave ou Tonique.
Figure 2e   Gamme Chromatique par Dièzes.
ton min.   maj.   min.   maj.   majeur.   min.   maj.   min.   maj.   min.   maj.   majeur
Gamme Chromatique par Bémols.
ton maj.   min.   maj.   min.   maj.   maj.   min.   maj.   min.   maj.   min.   maj.
Gamme Chromatique Mixte.
ton min.   maj.   maj.   min.   maj.   maj.   min.   maj.   min.   maj.   maj.   min.   maj.
Figure 3e   Gamme Enharmonique.
ton min.
Comma
Nota. Les arcs marqués de la sorte ———— , indiquent des Comma; ceux qui sont tracés en points, désignent des demi_tons mineurs

TABLE
DES INTERVALLES ET DE LEURS RENVERSEMENS.

Noms des Intervalles.	Intervalles désignés par des notes.	Degrés qu'ils contiennent.	Valeur en demi-tons.	Ce qu'ils deviennent par le Renversement.	Intervalles renversés désignés par les notes.
UNISSON.		0	0	Ne se renversent pas	
SECONDES — Seconde diminuée.		1	COMMA.	Septième augmentée	
2de mineure.		1	1	7me majeure	
2de majeure.		1	2	7me mineure	
2de augmentée.		1	3	7me diminuée	
TIERCES — Tierce diminuée.		2	2	Sixte augmentée	
3ce mineure.		2	3	6te majeure	
3ce majeure.		2	4	6te mineure	
3ce augmentée.		2	5	6te diminuée	
QUARTES — Quarte diminuée.		3	4	Quinte augmentée	
4te juste.		3	5	5te juste	
4te augmentée.		3	6	5te diminuée	
QUINTES — Quinte diminuée.		4	6	Quarte augmentée	
5te juste.		4	7	4te juste	
5te augmentée.		4	8	4te diminuée	
SIXTES — Sixte diminuée.		5	7	Tierce augmentée	
6te mineure.		5	8	3ce majeure	
6te majeure.		5	9	3ce mineure	
6te augmentée.		5	10	3ce diminuée	
SEPTIÈMES — Septième diminuée.		6	9	Seconde augmentée	
7me mineure.		6	10	2de majeure	
7me majeure.		6	11	2de mineure	
7me augmentée.		6	12	2de diminuée	

TABLE
DE TOUS LES TONS MAJEURS ET MINEURS RELATIFS.

TONS MAJEURS.			TONS MINEURS.		
Désignation des tons majeurs.	Nombre de ♯ ou de ♭ qu'il faut à la clef.	Numéros des huit notes du ton et position des tons et demi-tons de la Gamme.	Désignation des tons mineurs.	Nombre de ♯ ou de ♭ qu'il faut à la clef.	Numéros des huit notes du ton et position des tons et demi-tons de la Gamme.
		1re Note 2e 3e 4e 5e 6e 7e 8e — ton, ton, ½ ton, ton, ton, ton, ½ ton			1re Note 2e 3e 4e 5e 6e 7e 8e — ton, ½ ton, ton, ton, ½ ton, ton, ½ ton et demi.
En Ut maj.	0		En La min.	0	
Sol.	un ♯		Mi.	un ♯	
Ré.	deux ♯		Si.	deux ♯	
La.	trois ♯		Fa ♯	trois ♯	
Mi.	quatre ♯		Ut ♯	quatre ♯	
Si.	cinq ♯		Sol ♯	cinq ♯	
Fa ♯	six ♯		Ré ♯	six ♯	
Ut ♯	sept ♯		La ♯	sept ♯	
Fa.	un ♭		Ré.	un ♭	
Si ♭	deux ♭		Sol.	deux ♭	
Mi ♭	trois ♭		Ut.	trois ♭	
La ♭	quatre ♭		Fa.	quatre ♭	
Ré ♭	cinq ♭		Si ♭	cinq ♭	
Sol ♭	six ♭		Mi ♭	six ♭	
Ut ♭	sept ♭		La ♭	sept ♭	

(Ligne de gauche : TONS MAJEURS AVEC DES DIÈZES / TONS MAJEURS AVEC DES BÉMOLS ; au centre : TONS MINEURS AVEC DES DIÈZES / TONS MINEURS AVEC DES BÉMOLS.)

(Nota) 1° Les tons où il y a plus de cinq dièzes et cinq bémols sont peu usités.

2° Dans le mode mineur, la distance qui se trouve de la sixième à la septième note étant d'un ton et demi se nomme *Fausse Relation*. Il arrive souvent que pour éviter cette fausse relation on monte d'un demi-ton la sixième note au moyen d'un signe accidentel. Le signe accidentel de la septième note se retranche souvent dans la gamme descendante.

Figure 1.re
Coulé.
Signes.
Effets.
Figure 2.e
Flaté.
Figure 3.e
Sons enflés
et diminués.
Figure 4.e
Accens.
Signes.
Effets.
Figure 5.e
Port
de
voix.
Figure 6.e
Chûte.
Signes.
Effets.
Figure 7.e
Mordente.
suite
du
Mordente.
Figure 8.
Groupette.
Signes.
Effets.
Figure 9.e
Trille.
Signes.
Effets.